coleção primeiros passos
104

CB052457

Dalmo de Abreu Dallari

O QUE É PARTICIPAÇÃO POLÍTICA

Editora Brasiliense

Primeira edição, 1983
2ª edição, 2013
1ª reimpressão, 2023

Diretora Editorial: *Maria Teresa B. de Lima*
Editor: *Max Welcman*
Revisão: *José W. S. Moraes*
Capa e ilustrações: *Paulo Caruso*

Dados Internacionais de catalogação na Publicação(CIP)
(Câmara Brasileira do Livro, SP, Brasil)

Dallari, Dalmo de Abreu, 1931
O que é participação política / Dalmo de Abreu Dallari -- São Paulo : Brasiliense, 2013. -- (Coleção Primeiros Passos ; 104)

2ª ed., 2013
ISBN 978-85-11-01104-3

1. Participação política I. Título II. Série.

99-1700 CDD - 323.5

Índices para catálogo sistemático :
1. Participação política: Deveres e direitos:
Ciências política 323.5
2. Participação política: Direitos e deveres:
Ciências política 323.5

Editora Brasiliense
Rua Antonio de Barros, 1586 - Tatuapé
CEP 03401-001 - São Paulo - SP
www.editorabrasiliense.com.br

SUMÁRIO

I QUE É POLÍTICA

A palavra "política" vem sendo usada há séculos, com os mais variados sentidos. Por esse motivo, é necessário esclarecer desde logo em que sentido vou falar de política neste livro. Não se trata de procurar estabelecer um conceito ótimo nem de procurar um sentido único para a expressão. Trata-se, mais simplesmente, de fixar uma noção precisa, que facilite a compreensão do que virá em seguida.

Para estabelecer um conceito básico de política um caminho conveniente é buscar a origem da palavra, isto é, de onde ela veio e em que sentido foi usada no início. Tal verificação demonstra que essa palavra tem origem grega e foi usada por vários filósofos e escritores da Grécia antiga, sendo especialmente importante para a compreensão do seu sentido primitivo a obra denominada "política", escrita por Aristóteles, filósofo que viveu em Atenas no quarto século antes da era Cristã.

Os gregos davam o nome de *polis* à cidade, isto é, ao lugar onde as pessoas viviam juntas. E Aristóteles diz que o homem é um animal política, porque nenhum ser humano vive sozinho e todos precisam da companhia de outros. A própria natureza dos seres humanos é que exige que ninguém viva sozinho. Assim sendo, "política" se refere à vida na *polis*, ou seja, à vida em comum, às regras de organização dessa vida, aos objetivos da comunidade e às decisões sobre todos esses pontos.

É importante notar que nesse caso se tem uma sociedade *natural*, isto é, formada espontaneamente para atender a uma necessidade da natureza humana. Isso é que torna tal sociedade diferente de outras que sA0 formadas pela vontade de alguns ou. de muitos homens, sem que haja uma necessidade natural.

Partindo desses elementos alguns estudiosos do assunto. concluíram que tratar de política é cuidar das decisões sobre problemas de interesse da coletividade, e por isso definiram política como "arte e ciência do

governo". Consideram que é arte porque comporta e exige muita invenção e uma sensibilidade especial para conhecer os seres humanos, suas necessidades, suas preferências, seus caprichos, suas virtudes, visando encontrar o modo mais conveniente de conseguir a concordância de muitos e promover o bem comum. E consideram que é ciência porque hoje existem várias ciências que estudam os comportamentos humanos e assim se torna possivel estabelecer cientificamente algumas regras sobre a vida humana em sociedade e sobre como os seres humanos deverão reagir em cada situação.

Outros entenderam que a tomada de decisões sobre assuntos de interesse comum é sempre um ato de poder e, a partir dar, preferiram definir política como "o estudo do poder". Outros ainda acharam que moderna mente a capacidade de tomar essas decisões está nas mãos do Estado ou depende dele e por isso preferiram conceituar política como "Ciência do Estado".

Há também inúmeros cientistas política que acham indispensável ressaltar que a própria natureza humana exige a ação livre dos homens como base da política. Esses autores entendem que é fundamental a ideia de conjugar as ações humanas e orientálas para uma direção que seja da conveniência de todos. O trabalho

de harmonização das ações pode e deve ser realizado com plena liberdade, sem que alguém imponha alguma coisa. Por muitos motivos é preferível, segundo. esses estudiosos, que o bom senso e a boa vontade de cada um criem condições para que uns colaborem com os outros e haja respeito recíproco, sem necessidade de uso da força.

De qualquer modo, mesmo que as ações humanas sejam harmonizadas pacificamente e sem a necessidade de coagir as pessoas, é preciso que tais ações sejam coordenadas e orientadas para um objetivo de interesse de todos. Com base em todos esses argumentos e tendo em conta esta necessidade de dar uma direção às ações humanas adoto o seguinte conceito: *Política é a conjugação das ações de indivíduos e grupos humanos, dirigindo-as a um fim comum*.

É preciso considerar que "política" tanto pode referir-se à vida de seres humanos integrados e organizados numa sociedade, onde são tomadas decisões sobre os assuntos de interesse comum, como pode referir-se ao estudo dessa organização e dessas decisões.

Assim, por exemplo, quando trabalhadores de determinada categoria, não suportando mais a baixa remuneração e as péssimas condições de trabalho,

decidem iniciar um movimento de protesto e reivindicação, estão tomando uma decisão política. Eles pretendem atingir um. objetivo que é de interesse de todo o grupo.

Seu movimento reivindicatório, que é uma ação política, deve ser organizado. É provável que entre os membros do grupo existam ideias diferentes a respeito da forma de condução do movimento. Se cada um agir a seu modo haverá dispersão de forças e de recursos, sendo mesmo possível que uns atrapalhem os outros. Por isso é necessária a coordenação de todos os elementos, o que dará coesão e força ao grupo e garantirá que todos os atos sejam dirigidos para o objetivo comum, que é a conquista de melhores condições de trabalho. Aí se tem, portanto, um grupo político desenvolvendo uma ação política.

Do mesmo modo, o conjunto de todos os trabalhadores, desde que organizados e capazes de agir coordenadamente, é uma entidade política. E seu objetivo permanente, de conquista de uma ordem social livre e democrática, com a valorização política do trabalho e a garantia de igualdade de possibilidades para todos, é um objetivo político.

Assim, portanto, independentemente da forma adotada e dos meios utilizados para a tomada de decisões, podemos chamar de política:

1) a organização social que procura atender à necessidade natural de convivência dos seres humanos;

2) toda ação humana que produza algum efeito sobre a organização, o funcionamento e os objetivos de uma sociedade.

É a partir dessas concepções que falarei em sociedade política, atividades políticas, poder político, organizações políticas, responsabilidade política e participação política.

II O HOMEM: ANIMAL POLÍTICO

O homem é um animal que não vive sozinho, pois todo ser humano, desde que nasce até o momento em que morre, precisa da companhia de outros seres humanos. Foi observando isso que o filósofo grego Aristóteles escreveu que o homem é um animal político, pois é a própria natureza humana que exige a vida em sociedade.

É importante lembrar que não é só para atender a suas necessidades materiais que o ser humano precisa da companhia de seus semelhantes. Na realidade, o homem é o único animal que durante vários anos depois do nascimento não consegue obter sozinho os

O homem, animal político.

seus alimentos. E no mundo moderno isso está cada vez mais difícil, mesmo para os adultos, uma vez que a sociedade humana se organizou de tal modo que a grande maioria passa a vida toda consumindo alimentos produzidos por outros.

Mas ao lado disso é preciso assinalar que mesmo o homem mais rico, que tenha dinheiro para comprar e armazenar em casa os alimentos suficientes para toda a sua vida, mesmo esse homem não consegue viver sozinho.

E não é só porque necessitam dos serviços dos outros seres humanos para a manutenção de sua casa, o preparo dos alimentos e o cuidado de sua saúde, mas porque todo ser humano tem necessidades afetivas, psicológicas e espirituais, que só podem ser atendidas com a ajuda e a participação de outros seres humanos.

Assim, portanto, a vida em sociedade é uma necessidade da natureza humana, não se podendo falar do homem como indivíduo sem lembrar que esse indivíduo não vive sozinho, mas está sempre relacionado com outros indivíduos. Pode-se resumir essa ideia dizendo que o homem é um ser social por natureza e, por isso, tudo que ele tem ou realiza é tido ou realizado em sociedade.

Outro dado importante que deve ser ressaltado é que todos os seres humanos valem exatamente a mesma

coisa. Pondo-se lado a lado dois recém nascidos, sem revelar a condição social de cada um, ninguém poderá dizer que um vale mais que o outro. Por natureza todos nascem iguais e é a sociedade que estabelece diferenças, o que significa que as diferenças de valor entre seres humanos são artificiais, não naturais. Essa igualdade essencial de todos os seres humanos foi reconhecida e proclamada há milênios e deve ser buscada na organização social, dando-se absoluta igualdade de oportunidades a todos, desde o momento do nascimento. e contra a natureza permitir que uns nasçam ricos e socialmente bem situados enquanto outros nascem miseráveis e condenados a uma vida de sacrificios e privações e inferioridade social.

Esse reconhecimento da igualdade essencial de todos no quer dizer que não existam diferenças individuais. Embora todos tenham o mesmo valor cada um tem sua individualidade, seu modo de ser, suas preferências, suas aptidões, seu julgamento próprio a respeito dos fatos da vida. O que a experiência comprova é que pessoas criadas no mesmo ambiente, recebendo o mesmo tratamento, sendo educadas da mesma forma, ainda assim apresentam diferenças de comportamento e muitas vezes reagem de maneiras diferentes perante o mesmo acontecimento.

Há, portanto, vários pontos fundamentais que devem

ser levados em conta quando se tratar da organização da sociedade. Todos os seres humanos necessitam da vida social e todos valem essencialmente a mesma coisa. Mas cada um tem as caracteristicas próprias de sua individualidade e por isso a vida em sociedade, embora necessária, acarreta sempre a possibilidade de conflitos.

Na verdade, a ocorrência de conflitos deve ser reconhecida como normal numa sociedade de pessoas livres. Mesmo que sejam asseguradas oportunidades exatamente iguais a todos, desde o ponto de partida, ainda assim os conflitos não desaparecerão, pois eles decorrem das diferenças de individualidades.

Há pessoas que por medo, comodismo ou por qualquer outra razão têm horror ao conflito e imaginam que seja possivel uma sociedade totalmente livre de conflitos. Não é raro que tais pessoas acreditem que pelo uso da força todos os membros de uma sociedade poderão ser obrigados a aceitar os mesmos valores, a cumprir passivamente as ordens dos superiores e a se comportar de modo igual em todas as circunstâncias. Mas a história da humanidade e os fatos de todos os dias e de todos os lugares demonstram que onde existirem pessoas vivas existirão conflitos.

Em conclusão, o ser humano não é apenas um animal que vive, é também um animal que convive, ou seja, o

ser humano sente a necessidade de viver mas ao mesmo tempo sente também a necessidade de viver junto com outros seres humanos. E como essa convivência cria sempre a possibilidade de conflitos é preciso encontrar uma forma de organização social que torne menos graves os conflitos e que solucione as divergências, de modo que fique assegurado o respeito à individualidade de cada um.

Ao mesmo tempo, é preciso lembrar que todos os seres humanos são essencialmente iguais por natureza. Em consequência, não será justa uma sociedade em que apenas uma parte possa decidir sobre a organização social e tenha respeitada sua individualidade.

III

PROBLEMAS POLÍTICOS: PROBLEMAS DE TODOS

O fato de existir a necessidade de viver em sociedade tem consequências muito sérias. Uma delas é que os problemas de cada pessoa devem ser resolvidos sem esquecer os interesses dos demais integrantes da mesma sociedade. Assim, não se pode admitir como regra que para resolver qualquer dificuldade de um indivíduo, ou para atender aos interesses de um só, todos os demais devam sofrer prejuízos ou arcar com sacrifícios.

Existem certos casos em que um direito de uma pessoa deve ser protegido mesmo que muitos tenham de fazer algum sacrifício para assegurar essa proteção. preciso, porém, que esteja prevista numa regra legal legítima essa hipótese, sendo também indispensável que tal proteção não signifique um privilégio ou uma discriminação. Todo indivíduo tem direito à proteção de sua liberdade, de sua integridade física e de outros bens que são necessários para que uma pessoa não seja rebaixada de sua natureza humana. Mas também em relação a esses direitos e valores é preciso ter em conta que todos são iguais, devendo merecer a mesma proteção.

Outra consequência importante é o aparecimento de problemas e de interesses fundamentais que não são apenas de um indivíduo, mas que são de um grupo de indivíduos ou até mesmo de toda a sociedade. Nesses casos existe interesse social ou coletivo, pois em tais situações os indivíduos não são considerados isoladamente mas sempre como integrantes de uma coletividade.

Seja qual for a hipótese — ou de interesse de um indivíduo ou de um grupo social — todos os membros da sociedade sofrem consequências pelo fato de se dar ou de se negar proteção. Com efeito, quando a proteção é dada, isso normalmente significa que todos os indivíduos ou grupos que daí para o futuro se encontrarem em situação igual terão a mesma proteção. Além disso, para proteger os direitos e interesses de um indivíduo ou de um grupo é necessário

que a sociedade assuma algum encargo ou tome alguma atitude.

No caso contrário, ou seja, quando se nega proteção aos interesses de indivíduos ou de grupos sociais, há também consequências para toda a sociedade. E essas consequências podem ser às vezes muito graves, perturbando a própria estabilidade de uma ordem social.

À vista disso tudo, verifica-se que quando são afetados os interesses fundamentais de um individuo ou de um grupo social todo o conjunto da sociedade sofre consequências de alguma espécie. Por esse motivo pode-se afirmar que os problemas resultantes de tais situações são problemas política, pois afetam a convivência das pessoas e influem sobre a organização, o funcionamento e os objetivos da sociedade. Essa influência é maior em certos casos e menor em outros, mas sempre se verifica.

Outra conclusão importante é que mesmo os problemas política que aparentemente só interessam a um indivíduo são, na realidade, problemas de todos.

É muito importante levar sempre em conta essas conclusões, por vários motivos. Antes de tudo, será errado tratar da situação de um indivíduo como se ele vivesse sozinho, quando a realidade é que todos vivem integrados num grupo social.

A par disso, também é errado tomar qualquer decisão sobre os problemas fundamentais de um indivíduo

como se tal decisão não trouxesse consequências para toda a coletividade. De uma forma ou de outra, com maior ou menor intensidade, cada decisão produz efeitos sobre todo o conjunto da sociedade, sendo indispensável considerar esse ponto em cada situação ou perante cada problema.

Assim, pois, é preciso ter consciência de que os problemas políticos são, sempre, problemas de todos os membros da sociedade. Por esse motivo, será errado obrigar um indivíduo a procurar sozinho a solução para seus problemas, quando estes afetam a convivência. E será igualmente errado permitir que qualquer indivíduo proceda como se vivesse sozinho, ignorando os interesses comuns, quando procura proteger seus interesses fundamentais.

Cada indivíduo sofre influência da sociedade em que vive mas, ao mesmo tempo, exerce alguma influência sobre ela. O simples fato de existir, ocupando um espaço, sendo visto ou ouvido, precisando vestir-se e consumir alimentos já é uma forma de influir. Por isso, todos os problemas relacionados à convivência social são problemas da coletividade e as soluções devem ser buscadas em conjunto, levando em conta os interesses de toda a sociedade.

IV
A NECESSIDADE DE TOMAR DECISÕES

O simples fato de estar viva obriga uma pessoa, qualquer pessoa, a tomar decisões muitas vezes por dia. Algumas vezes são decisões sobre assuntos que interessam exclusivamente a cada um e não trazem consequências para a vida social. Há, porém, um número muito grande de casos em que a decisão tomada por uma pessoa produz consequências sérias para muitas outras. Ocorrem, também, inúmeras situações em que é conveniente ou mesmo necessário que uma decisão seja tomada por várias ou muitas pessoas em conjunto.

Um fato inegável, fácil de verificar, é que ninguém pode viver sem tomar decisões. Apesar disso, muitas pessoas fazem o possível para não tomar decisões, o que pode ser motivado por comodismo ou pelo medo da responsabilidade de decidir.

Quase sempre essas pessoas procuram esconder o verdadeiro motivo, simulando desprendimento, dizendo que acatarão de boa vontade o que os outros decidirem.

Essa atitude de fuga à responsabilidade é, quase sempre, ligada á falta de consciência quanto à necessidade da vida social e quanto ao significado da omissão no momento de decidir. Com efeito, não é raro que as pessoas condenem certas decisões e suas consequências, esquecendo-se de que tiveram a oportunidade de participar dessas decisões e preferiram deixar que outros decidissem sozinhos.

Os que procedem desse modo não percebem que, indiretamente, são também responsáveis pelas decisões, como também não chegam a perceber, ou só percebem tardiamente, que sua omissão traz prejuízos para eles próprios e, muitas vezes, para uma coletividade inteira.

É necessário que todos tenham consciência de que todos os dias são tomadas decisões que, com maior ou menor intensidade, afetam a vida de muitos. Especialmente nos tempos modernos, em que a grande maioria das pessoas vive nas cidades, numa convivência íntima praticamente obrigatória, as atitudes de cada

um repercutem imediatamente na situação de outros. E mesmo os que vivem em lugares mais isolados sofrem as consequências de decisões tomadas à sua volta ou, às vezes, em lugares muito distantes.

O que deve ficar claro é que a decisão de não tomar decisões é um grande engano. Na realidade, a vida humana sempre oferece, em relação a quase tudo, mais de um caminho, e por isso é necessário decidir sobre o que mais convém. A pessoa que não quer ter o trabalho ou assumir a responsabilidade de decidir, está, nesse momento, tomando uma decisão: a de permitir que outros decidam em seu lugar, o que poderá acarretar grandes prejuízos e um arrependimento sem cura.

Já se disse que os omissos, os que por motivos secundários não querem participar das decisões de interesse coletivo, sempre favorecem os maus. Isso porque em toda sociedade sempre existem indivíduos egoístas e audaciosos, que procuram orientar as decisões para o sentido que mais lhes convém. E quando muitos se acomodam e se omitem fica mais fácil conseguir esse resultado.

Um aspecto interessante e grave, que é oportuno lembrar, é que um sistema político só é democrático quando as decisões são tomadas com liberdade e se respeita a vontade da maioria. Ora, quando muitos

se negam a participar das decisões é inevitável que a tarefa de decidir fique nas mãos da minoria, ou seja, a omissão de muitos impede que se tenha um sistema democrático.

Aquele que por sua vontade não participar de uma decisão é tão responsável como aquele que decidiu. E preciso que as pessoas tenham consciência de que o simples fato de viver acarreta a necessidade de tomar decisões. Se todos reconhecerem essa necessidade e assumirem positivamente sua responsabilidade os conflitos serão superados de modo mais justo e mais de acordo com as necessidades comuns, em benefício de cada indivíduo e de toda a sociedade.

A necessidade das decisões.

V
DIREITO DE PARTICIPAÇÃO POLÍTICA

Justamente porque todos os seres humanos vivem em sociedade e porque as decisões políticas sempre se refletem sobre a vida e os interesses de todos, a Declaração Universal dos Direitos Humanos considera a participação política um direito fundamental de todos os indivíduos. Diz entre outras coisas, o artigo 21 da "Declaração que todo ser humano tem o direito de tomar parte no governo de seu país e que a vontade do povo será a base da autoridade do governo.

Não é difícil compreender a razão e o alcance do reconhecimento desse direito. Se todos os seres humanos são essencialmente iguais, ou seja, se todos valem a mesma coisa e se, além disso, todos são dotados de inteligência e de vontade não se justifica que só alguns possam tomar decisões políticas e todos os outros sejam obrigados a obedecer.

A história da humanidade, desde milênios, revela a existência de uma luta constante para que o maior número possível de pessoas participe das decisões políticas. Nos tempos modernos houve grande avanço em tal sentido, por vários motivos, como a concentração das pessoas nas cidades e o aperfeiçoamento das técnicas de comunicação, favorecendo o despertar das consciência e uma ação conjunta, bem como pela expressa proclamação, na Declaração Universal de Direitos, de que a todos os indivíduos deve ser assegurado o mesmo direito de participação política.

No final da Idade Média, quando se verificou o aparecimento e o crescimento da burguesia, apenas os reis, os nobres, os bispos da Igreja Católica e, em alguns lugares, os grandes proprietários, os banqueiros e os comerciantes mais ricos, é que tomavam decisões políticas. Nos séculos dezessete e dezoito a burguesia conquistou para todos os seus membros o direito de participação, eliminou a diferença entre nobres e plebeus e estendeu os direitos políticos a todos os que tinham propriedade ou bons rendimentos, ampliando-se desse modo o número de participantes.

No século dezenove, em consequência da Revolução Industrial, formou-se o proletariado urbano, que através de muitas lutas conseguiu conquistar o direito de participação política, ampliando-se consideravelmente o número de pessoas às quais se reconhece tal direito. Por esse caminho os assalariados também começam a participar das decisões, embora sofrendo ainda muitas restrições, determinadas por sua fraqueza econômica.

Desse modo, a partir do século dezenove as Constituições vão sendo modificadas, afirmando a igualdade de direitos e consagrando o sistema chamado de "sufrágio universal", que significa o sistema em que todos têm o direito de votar.

O sistema de escolher representantes para participarem de assembléias políticas já aparece no século dezessete. Quando os burgueses conquistaram o direito de participar das decisões políticas foi necessário o uso de representantes, porque não era possível reunir numa sala ou mesmo numa praça pública todos os que tinham direitos políticos. Foi por isso que se adotou o sistema de dar a um representante o direito de falar e decidir em nome de muitos representados.

A par disso, muitos burgueses queriam influir nas decisões políticas mas achavam inconveniente gastar com reuniões políticas o tempo que poderiam empregar fazendo negócios, ou simplesmente não tinham

paciência e disposição para aquelas reuniões. Por esses motivos preferiam escolher um representante, que seria uma espécie de advogado nas assembléias políticas. Outro ponto importante é o fato de que, nos primeiros tempos, os que escolhiam representantes davam a estes uma lista de assuntos e da posição que deveriam tomar em relação a cada um. Os representantes assinavam um documento concordando com a perda do mandato se não obedecessem as determinações dos eleitores. Esse sistema foi chamado de "mandato imperativo" e acabou sendo proibido, pois restringia demais as ações dos representantes, além de permitir que os mandatários assumissem a Condição de verdadeiros empregados dos eleitores mais ricos.

Mas a principal restricão à participar;ão eleitoral imposta no começo era baseada em motivos econômicos, exigindo-se renda mínima para votar e ser votado. Isso foi reconhecido como antidemocrático, graças às lutas dos trabalhadores, e assim desapareceram as leis que reservavam esse direito apenas aos proprietários ou aos que tivessem um mínimo de renda.

É importante saber que, embora as Constituições estabeleçam que o sistema é de sufrágio universal, isso não quer dizer que, na realidade, esse direito já tenha sido estendido a todos ou que pode ser exercido por todos com a mesma liberdade. Em grande número

de países a porcentagem de pessoas sem direito de participação política, ou que têm o direito afirmado na lei mas que de fato não têm o poder de participação, é ainda muito grande. E na África do Sul existe uma legislação que impede os negros de participarem das decisões políticas fundamentais.

Muitas pessoas que vivem de subemprego, muitos trabalhadores do campo, bem como os que são obrigados a mudar constantemente de uma cidade para outra a fim de conseguir trabalho, todos esses não conseguem ter direitos políticos, embora a lei diga que eles têm esses direitos. No Brasil a própria Constituição dizia que os analfabetos não tinham direitos políticos, e com isso uma grande parte da população não podia participar das decisões, apesar de trabalhar, de pagar impostos e de ser obrigada a respeitar as leis feitas em seu nome.

Assim, portanto, não são pequenas as restrições que ainda existem, mas é inegável que já foi muito ampliado o direito de participação. A extensão desse direito vem ocorrendo gradativamente, por meio de muitas lutas. Um exemplo claro desse processo foi a conquista de tal direito pelos assalariados. Outro exemplo, ainda mais recente, foi a extensão dos direitos políticos às mulheres, conseguida também graças à disposição de luta de algumas líderes, que iniciaram seu movimento pela

1
2

ampliação dos direitos contando com pequeno número de participantes, mas que, pela pregação persistente, mediante a organização de associações, realizando manifestações de rua, enfrentando a repressão policial e os preconceitos sociais, superaram muitas resistências e acabaram eliminando as barreiras em quase todo o mundo.

Como se verifica, entre o final do século dezessete e o final do século vinte foi percorrido um longo caminho, cheio de obstáculos. O direito de participação foi sendo ampliado e se estendeu a grandes camadas da população. Para muitos, entretanto, esse direito não existe ou então não passa de mera formalidade, pois o direito de tomar as decisões mais importantes continua reservado a um pequeno número.

Os sistemas eleitorais e os sistemas de governo são organizados de tal modo que só os que têm muito dinheiro ou que pertencem à cúpula de um grupo política muito poderoso é que vão para os cargos mais importantes e podem tomar decisões política de grandes consequências. Além disso, as principais decisões sempre são tomadas por pequenos grupos de pessoas, praticamente em segredo. Os banqueiros, os grandes empresários, os principais chefes militares e uns poucos dirigentes partidários conseguem influir sobre o que vai ser decidido, mas a grande maioria do

povo só toma conhecimento do que já foi decidido e pesa muito pouco no processo de tomada de decisões.

E preciso reconhecer que houve um considerável avanço, pois hoje são muito raras as Constituições que não afirmam a igualdade de direitos. Isso demonstra que já não existem condições para sustentar que a desigualdade é justa e que só uma elite privilegiada é que deve ter o direito de tomar as decisões de interesse da sociedade. Mas ainda está muito longe a plena igualdade de participação.

VI
DEVER DE PARTICIPAÇÃO POLÍTICA

Todos os indivíduos têm o dever de participar da vida social, procurando exercer influência sobre as decisões de interesse comum. Esse dever tem, sobretudo, dois fundamentos: em primeiro lugar, a vida social, necessidade básica dos seres humanos, é uma constante troca de bens e de serviços, não havendo uma só pessoa que não receba alguma coisa de outras; em segundo lugar, se muitos ficarem em atitude passiva, deixando as decisões para outros, um pequeno grupo, mais atuante ou mais audacioso, acabará dominando, sem resistência e limitações.

Não é raro que as pessoas se recusem a exercer seu direito de participação, sendo vários os motivos da recusa, havendo, entretanto, alguns que são mais frequentes e que devem ser analisados.

Há os que não procuram exercer plenamente seu direito de participação política e se limitam a cuidar dos assuntos de seu interesse particular imediato dizendo que não gostam de política ou que não entendem disso. Acham que esse é um assunto para "políticos". Essa atitude revela inconsciência, demonstra grande alienação, pois quem tem os olhos abertos e enxerga a realidade percebe que não existe a possibilidade de fazer completa separação entre os assuntos particulares e os de interesse público. Todo indivíduo exerce alguma influência sobre o meio social em que vive e sofre influência desse meio por mais que procure isolar-se.

Assim sendo, a participação não depende de se desejar ou não, pois mesmo aqueles que não tomam qualquer atitude são utilizados pelos grupos mais ativos, visto que o silêncio e a passividade são interpretados como sinais de concordância com as decisões do grupo dominante. Foi desse modo, apoiando-se na ideia de que "quem cala consente", que o presidente norte-americano Richard Nixon afirmou que a "maioria silenciosa" estava a favor dos bombardeios e da matança de populações civis na guerra do Vietnã, verificando-se depois que tal concordância não existia.

Além desse aspecto, é importante lembrar que mesmo os que mais se recusam a participar são obrigados, inúmeras vezes, a manifestar sua opinião. E quando isso ocorre encontram muita dificuldade e são facilmente enganados, pois não estão preparados para tomar decisões. É preciso assinalar, aliás, que qualquer pessoa consciente, que se disponha a participar ativamente, pode, com relativa facilidade, obter as informações necessárias para decidir sobre a orientação básica em relação aos grandes problemas. Isso pode ser conseguido pela leitura constante de jornais, pelo acompanhamento do noticiário do rádio e da televisão, pela leitura de livros e revistas, pela troca de ideias e informações com outras pessoas interessadas, bem como pelo acompanhamento de conferências e debates públicos sobre assuntos de interesse geral.

Outros se recusam a exercer o direito de participação movidos por um sentimento egoísta. Entre essas pessoas estão os que já gozam de situação econômica privilegiada e acham que, por esse motivo, sempre viverão bem, mesmo com um mau governo. Não se importam com o fato de haver pessoas e famílias sofrendo a mais injusta discriminação, vivendo na miséria, sem terem o mínimo necessário para viver de acordo com as exigências da dignidade humana.

Os que adotam essa atitude também são inconscientes, pois não percebem que até mesmo a simples manutenção de sua situação econômica privilegiada depende das condições políticas gerais. Além disso, o excesso de exploração e de injustiças cria sempre o risco de uma explosão popular, que, inevitavelmente, acarreta graves prejuízos também para suas condições de dominadores, seja qual for o resultado final. Mas o que é realmente grave é que tais indivíduos não se dão conta de que sua atitude alienada é moralmente injusta, pois sob muitos aspectos estão recebendo benefícios do trabalho dos dominados, a começar pela obtenção de alimentos. Existe, ainda mais, um dever de solidariedade entre os seres humanos, pelo simples fato de que ninguém vive sozinho, uns precisam dos outros, bem como porque a degradação de um ser humano representa a degradação de toda a humanidade.

Os que agridem, humilham e exploram seus semelhantes estão promovendo sua própria desmoralização, e dos pontos de vista moral e psicológico perdem mais do que suas vítimas. Assim também o indivíduo que pode exercer alguma influência para melhorar a situação dos que sofrem provações e injustiças e se omite, só se preocupando com seus interesses pessoais, se torna cúmplice dos carrascos e exploradores.

Por tudo isso, a participação política é um dever moral de todos os indivíduos e uma necessidade fundamental da natureza humana. A participação intensa e constante de muitos é necessária para impedir que alguns imponham uma ordem injusta, que sempre acaba sendo prejudicial para todos.

Existem ainda os que não procuram participar porque se consideram impotentes para exercer alguma influência. Não tendo poder econômico, política ou militar, não gozando de prestígio social, essas pessoas não acreditam que possam fazer alguma coisa para melhorar as condições de convivência.

Todos podem exercer alguma influência política, desde que tomem consciência de que são seres humanos iguais aos outros e de que não devem conformar-se com as injustiças. Como bem observou o filósofo Marcuse, o primeiro passo para um escravo conquistar sua liberdade é ele tomar consciência de que é escravo.

Evidentemente, é muito difícil o indivíduo marginalizado e dominado descobrir sozinho que dispõe de meios para reagir. Por isso é necessário que todos aqueles que já tomaram consciência realizem um trabalho de conscientização dos demais, falando, discutindo, ensinando, demonstrando pelos exemplos históricos que os mais fracos podem vencer os mais fortes e que a força do grupo pode compensar a fraqueza do indivíduo.

Para que os indivíduos marginalizados conquistem a possibilidade de participar ativamente das decisões é indispensável que ocorra primeiro sua transformação interior. É preciso que dentro de cada um nasça a convicção de que é justo e possível participar. Depois virá automaticamente o desejo de participação, sobretudo para os mais injustiçados. A experiência tem demonstrado que entre as classes mais humildes, amadurecidas pelo sofrimento, existe mais solidariedade e espírito comunitário do que entre as classes mais ricas e socialmente privilegiadas.

Aquele que denuncia uma injustiça está começando a destruí-Ia. E aquele que sabe que há injustiça e lhe dá apoio ou permanece indiferente carrega em sua consciência o peso de um dever não cumprido.

Como fica demonstrado, o direito e o dever de participação política são duas faces da mesma realidade: a natureza associativa do ser humano. Tendo necessidade de viver com os semelhantes cada indivíduo deve ter assegurado o direito de influir no estabelecimento das regras de convivência, pois sendo todos iguais por natureza não é justo que só alguns tomem as decisões que os outros ficarão obrigados a cumprir.

Por outro lado, para que cada um tenha respeitados seus direitos e sua dignidade é preciso que ninguém fique indiferente, passivo, sem procurar influir na decisão dos

assuntos de interesse comum. Todo ser humano tem o dever de participação política, para que a ordem social não seja apenas a expressão da vontade e dos interesses de alguns. Como a história tem demonstrado, sempre que só um pequeno grupo decide é inevitável que esse grupo se corrompa, perdendo de vista sua responsabilidade social, e acabe dando preferência aos seus próprios interesses, gerando uma situação de injustiça, que impede a paz social, porque sempre existem pelo menos alguns que não aceitam passivamente as injustiças e lutam contra elas.

VII FORMAS DE PARTICIPAÇÃO POLÍTICA

Participação política não é apenas participação eleitoral, e muitas vezes é mais eficiente por outros meios.

Desde o século dezoito se afirmou como ideal político a democracia, sistema em que a vontade do povo deve estar acima de qualquer outra. E pela impossibilidade de reunir o povo em praças públicas, todos os dias, para tomar decisões políticas foi criado o sistema de "democracia representativa" .

Na democracia representativa o povo escolhe representante e através deles manifesta sua vontade. E para a escolha dos representantes foi criado o processo eleitoral, surgindo as figuras do eleitor e do candidato. Já no próprio século dezoito o filósofo Jean Jacques Rousseau manifestou sua descrença no sistema representativo, dizendo que o representante do povo sempre irá manifestar sua própria vontade e não a vontade do povo.

É interessante a evolução do pensamento marxista sobre a democracia representativa. No início Marx e seu companheiro Engels se opuseram ao sistema eleitoral da democracia representativa. Consideravam, então, que só a guerrilha urbana, a barricada, a luta armada é que poderiam eliminar os privilégios e melhorar as condições de vida da classe trabalhadora.

Mas depois de inúmeras tentativas de movimento armado, especialmente depois da revolta ocorrida na França em 1871, registrada pela História com o nome de "Comuna de Paris", Engels concluiu que a vitória de grupos armados contra exércitos organizados, em lutas de rua, era uma das maiores raridades históricas.

E verificando as possibilidades criadas pelas vias eleitorais, até então repelidas por serem consideradas "fórmulas burguesas", o próprio Engels observa: "Com a agitação eleitoral, o sufrágio universal forneceu-nos um meio único para entrarmos em contacto com as massas populares, para obrigarmos todos os partidos a defenderem diante do povo suas ideias e seus atos".

Além disso, acrescenta Engels, "o direito de votar abriu aos nossos representantes uma tribuna no Parlamento, do alto da qual podem falar aos adversários, podendo falar também às massas com uma liberdade e uma autoridade que não têm na imprensa e nos comícios". E assim foi aceito pelos socialistas o uso do voto como instrumento de luta das classes mais humildes.

Existe hoje o reconhecimento generalizado de que o processo eleitoral pode ser muito útil, embora não se deva esquecer que ele é fortemente influenciado pelo poder econômico, bem como pelas forças políticas dominantes. Isso reduz seu alcance e torna indispensável o seu aperfeiçoamento.

Para que o povo escolha representantes autêntico é preciso, antes de tudo, que haja plena liberdade de informação, permitindo às pessoas formarem livremente sua opinião com base no maior número possível de dados. O que se tem verificado é que ao lado das restrições que podem ser impostas pelos governos existe o problema das empresas e dos interesses que controlam os meios de comunicação. Os grupos econômicos mais poderosos usam a imprensa para apresentar os fatos do modo que lhes convém, e com frequência o povo é mais enganado do que informado.

É preciso lembrar também que o processo eleitoral é sempre dispendioso, impondo sacrifícios econômicos

aos que se candidatam. Disso se valem os candidatos mais ricos e menos escrupulosos para ocupar posições vantajosas, para fazer grande publicidade, muitas vezes mentirosa, de sua pessoa e de suas atividades, bem como para corromper os eleitores menos conscientes ou mais pressionados pelas dificuldades econômicas. Na realidade, não há uma só democracia representativa onde alguém tenha possibilidade de se eleger para cargo de razoável peso política sem o apoio de um poderoso grupo econômico.

Acrescente-se, ainda, o uso frequente da administração pública para a prática de corrupção eleitoral, bem como as regras legais que negam a muitas pessoas o direito de votar ou que dificultam a organização e o funcionamento dos partidos políticos. Por todos esses motivos a realização de eleições está longe de ser uma garantia de que o povo escolhe livremente os seus representantes e governa por meio deles.

Por outro lado, entretanto, deve-se reconhecer que o processo eleitoral vem sendo aperfeiçoado e que, apesar de todas as suas falhas, oferece ao povo algum espaço para que manifeste sua vontade. Desse modo, a participação através de eleições não deve ser excluída, devendo, porém, ser considerada num quadro mais amplo, que inclui outras formas de participação. Entre estas existem algumas que muitas vezes são bem mais

importantes do que a via eleitoral e que sempre poderão influir sobre esta, tornando-a mais honesta e mais autêntica.

Vejamos em seguida algumas das mais importante formas de participação.

Participação individual e coletiva

Embora todas as atividades de cada pessoa produzam efeitos sobre uma coletividade, existem algumas situações em que cada um deve tomar suas próprias decisões e escolher os seus caminhos. Na realidade, essa possibilidade de decidir faz parte da liberdade do indivíduo e dá a cada um a responsabilidade por suas escolhas.

Um dos mais notáveis escritores brasileiros, Osman Lins, observou que não se pode conseguir qualquer mudança profunda na sociedade se não houver antes a mudança na consciência de cada um. De fato, muitas situações de injustiça não são corrigi das porque as pessoas que poderiam influir para corrigi-las não estão verdadeiramente dispostas a lutar pelas mudanças e a aceitar suas consequências. Na maioria das vezes essa acomodação ocorre porque tais pessoas são direta ou indiretamente beneficiárias das injustiças.

Assim, pois, para a efetiva participação política o

primeiro passo deve ser dado no plano da consciência. Dado esse passo está aberto o caminho para a plena participação, pois o indivíduo conscientizado não fica indiferente e não desanima perante os obstáculos. Para ele a participação é um compromisso de vida, exigida como um direito e procurada como uma necessidade.

Em termos individuais a participação significa uma constante busca dos melhores caminhos bem como o aproveitamento de todas as oportunidades para conscientizar os outros e para cobrar a participação de todos. A busca de caminhos se dá pela observação da realidade, pela definição de valores e de objetivos, bem como pela escolha do modo e do lugar de atuação.

Em caráter estritamente individual cada um pode participar falando, escrevendo, discutindo, denunciando, cobrando responsabilidades, encorajando os tímidos e indecisos, aproveitando todas as oportunidades para acordar as consciências adormecidas. Isso pode ser feito em casa, no lugar de trabalho, na escola, no clube, nas reuniões de amigos, nos veículos de transporte coletivo e em qualquer outra circunstância em que as pessoas possam conversar.

A participação coletiva se dá por meio da integração em qualquer grupo social. As formas e as finalidades imediatas das associações são infinitas. Basta um pequeno grupo de pessoas, com algum objetivo

definido e a disposição de trabalharem continuamente em busca desse objetivo, para se ter uma associação.

A força do grupo compensa a fraqueza do indivíduo. Isso tem sido demonstrado através da história, nos mais diversos lugares e nas mais diferentes situações.

A própria burguesia, no começo de sua história, era um grupo minoritário, sofrendo muitas restrições e muitos ataques dos governos, dos grandes proprietários e mesmo da Igreja Católica, pois os burgueses não tinham terras, comerciavam com alimentos e emprestavam dinheiro a juros, sendo considerados açambarcadores e agiotas. Os movimentos operários do começo do século dezenove foram também, no início, manifestações de pequenos grupos de indivíduos desempregados ou trabalhando em condições de semi-escravidão. E já na segunda metade do século eram uma força social considerável. Assim também aconteceu com a luta das mulheres pelo direito de voto e, depois, pelo direito de não serem mais tratadas como pessoas de segunda categoria. Um pequeno grupo, aparentemente sem nenhuma força, desencadeou a luta e obteve resultados que no início pareciam quase impossíveis de conseguir.

Mais recentemente isso ocorreu no Brasil com os favelados, sendo muito expressivo o que vem acontecendo na cidade de Campinas, no Estado de São Paulo. Embora sem força econômica, política e

social, sendo mesmo vítimas de preconceitos, alguns líderes de favelas, apoiados por grupos comunitários católicos, começaram a se organizar e hoje existem mais de 150 favelas já organizadas, compondo uma Federação de Favelas que dialoga com as autoridades e que vem obtendo muitos benefícios, que cada favelado isoladamente jamais teria conseguido.

Não importa qual o objetivo do grupo, como também é indiferente saber a posição social, a condição econômica, o nível intelectual ou a atividade profissional de seus integrantes. Sempre que um grupo de pessoas se organiza e se dispõe a trabalhar em conjunto por um objetivo algum resultado é conseguido, e sempre o grupo consegue mais que qualquer de seus integrantes obteria se agisse isoladamente. E mesmo que se consiga relativamente pouco, em vista do objetivo almejado, essas pessoas adquirem um preparo e obtêm conhecimentos que serão muito úteis em outros empreendimentos.

O que a experiência tem comprovado é que mesmo as pessoas mais pobres, sem nenhum poder econômico, político ou militar, com pequeno preparo intelectual e exercendo as profissões mais humildes, podem conseguir um poder de pressão e são ouvidas quando agem em grupo. Os objetivos particulares e imediatos do grupo podem ser os mais diversos, como acontece, por exemplo, com os grupos de favelados, de vizinhos,

de mulheres, de profissionais liberais, de negros ou ecologistas. Sempre existem caminhos para uma ação conjunta.

Todo grupo organizado tem a possibilidade de exercer alguma influência política. Os grupos mais numerosos e mais bem organizados são, como é óbvio, capazes de exercer maior influência, podendo mesmo adquirir um peso considerável nas decisões dos partidos políticos e do próprio governo, em seus diversos níveis.

Isso pode ocorrer no plano municipal, quando, para exemplificar, os moradores de um bairro querem denunciar o mau serviço de ônibus e exigir sua melhoria. Pode-se dar perante o governo do Estado, para pedir a criação de uma escola ou melhor policiamento. Ou pode ser feito em nível federal, para impedir um novo achatamento salarial ou para reivindicar a revogação de uma lei injusta, como a Lei de Segurança Nacional ou a Lei de Greve.

Participação eventual e organizada

Para se atingirem grandes objetivos políticos é indispensável um trabalho organizado. Isso porque toda proposta de modificação na vida social encontra a resistência dos interesses estabelecidos, dos acomodados ou daqueles que têm medo de toda transformação. Por

esse motivo, mesmo as propostas que possam trazer maior benefício comum precisam de um trabalho constante e sistemático para serem aceitas e concretizadas.

A organização traz uma série de vantagens para qualquer trabalho em busca de mudança social. Além da soma de forças, a organização possibilita a divisão do trabalho, o recebimento de mais informações, a obtenção de maior rapidez e amplitude na divulgação das propostas e a avaliação mais perfeita dos recursos, dos obstáculos e dos resultados conseguidos.

A par disso, a organização dá maior proteção aos que trabalham pela mudança, o que é muito importante quando os que desejam tal mudança não gozam de grande proteção na ordem social ou quando as propostas contrariam os interesses de pessoas poderosas dispostas a cometer violências para proteger esses interesses. É o que acontece, por exemplo, quando um grupo de favelados está ameaçado de despejo, porque a existência da favela atrapalha os interesses de empresas loteadoras. Cada favelado, isoladamente, é muito fraco em termos econômicos, políticos e sociais. E os loteadores, ao contrário, são muito fortes. Se um favelado quiser resistir sozinho ficará sujeito a sofrer violências policiais e dificilmente conseguirá impedir o despejo. Mas se os favelados agirem juntos terão mais facilidade para

obter o apoio de autoridades, da imprensa e de outros grupos sociais, podendo, assim, evitar o despejo, como já ocorreu em inúmeros casos. Não há dúvida, portanto, de que a força do grupo compensa a fraqueza dos indivíduos.

Além disso, a organização tem maior possibilidade de assegurar a continuidade do trabalho, pois mesmo que algum dos membros deixe de agir por qualquer motivo os outros poderão prosseguir.

Assim, pois, a participação política mais eficiente é a organizada, aquela que se desenvolve a partir de uma clara definição de objetivos e que procura tirar o máximo proveito dos recursos disponíveis em cada momento, assegurando a continuidade das ações.

Há situações em que a participação se torna possível de modo excepcional e imprevisível. Assim, para exemplificar, quando uma pessoa que exerce determinada profissão fica sabendo que um grupo social está lutando por um objetivo justo e, para determinada tarefa, tem necessidade da ajuda de alguém que exerça aquela profissão. Muitas vezes essa ajuda se torna decisiva ou pelo menos muito importante, para que o movimento seja bem-sucedido.

Outras vezes alguém ocupa um cargo, que pode ser mais ou menos importante, e em certo momento uma decisão ou informação sua terá efeito decisivo para

uma reivindicação social. Isso acontece frequentemente com pessoas que têm a função de fornecer informações que servirão de fundamento para as decisões de uma autoridade, a respeito da retomada de uma área, da criação de uma escola ou de um posto de saúde, do estabelecimento de uma linha de ônibus, da implantação de iluminação pública, bem como de outros assuntos de interesse comunitário. Aquele que informa ou decide pode ter participação muito importante no encaminhamento e na decisão de um problema que para o grupo comunitário é da maior importância.

Existem, também, os casos de pessoas que atuam organizadamente em determinada área e que em certos momentos têm a possibilidade de participar de modo diverso, praticando atos isolados. É o que acontece com os membros de grupos comunitários que não pertencem a partidos político e que, num dado momento, dos chamados a participar de uma disputa eleitoral, ajudando um partido ou candidato ou simplesmente votando.

Em todos esses casos a participação política é eventual, ligada a uma circunstância momentânea e não inserida num trabalho organizado e continuo. O caráter de eventualidade não torna menos importante a participação, devendo-se mesmo lembrar que em certas situações essa participação eventual adquire grande

significação política, podendo contribuir para decisões fundamentais.

Como se vê, a participação política pode ser eventual ou organizada, sendo igualmente válidas essas duas formas, desde que exerci das com a consciência e a responsabilidade exigidas pelo bem comum. O que não se pode admitir é que alguém se limite à participação eventual, ocasional. É indispensável que cada um tenha alguma forma permanente de participação, na escola, na fábrica, no escritório, nas associações, trocando ideias e informações, sugerindo e apoiando iniciativas, fazendo um trabalho constante de esclarecimento, de conscientização e organização o que não exclui a hipótese de que participe eventualmente de modo diverso.

Conscientização e organização

Entre as mais eficientes formas de participação política estão os trabalhos de conscientização e organização. Nesses dois casos pode não estar sendo visado um objetivo imediato de quem realiza o trabalho, sendo certo, entretanto, que toda a humanidade se beneficia quando um ser humano se dispõe a pensar e a agir em defesa de sua dignidade ou para a melhoria das condições de convivência.

A conscientização consiste em dar uma contribuição para que as pessoas percebam que nenhum ser humano vale mais ou menos que os demais e que todos podem e devem lutar constantemente pela conquista ou preservação da liberdade de pensar e de agir e pela igualdade de oportunidades e responsabilidades.

O trabalho.de conscientização o pode ser exercido no plano individual, nas relações diretas entre duas ou mais pessoas, como pode também ser exercido em maior amplitude, falando ou escrevendo a coletividades. É sumamente importante a conscientização pelo exemplo, ou seja, pela demonstração concreta de que não se aceita negociação com a dignidade humana e de que a atitude de resistência é sempre possível no plano da consciência, ainda que em certos momentos essa resistência não possa ser externa da e as circunstâncias obriguem a uma aparência de submissão.

Um exemplo histórico muito expressivo de aparente concordância nas atitudes exteriores e de resistência no plano da consciência é o processo de Galileu Galilei perante a Inquisição. Embora admitindo seu erro, Galileu manteve intimamente suas convicções e apenas fingiu ceder, para ter a possibilidade de continuar seus trabalhos usando as conclusões e ideias que considerava verdadeiras.

Sob outro aspecto, pode-se trabalhar pela conscientização em sentido mais amplo, apenas estimulando as pessoas ao uso da inteligência e da vontade, para não se deixarem usar e conduzir como seres irracionais. É isso que fazem os animadores de comunidades mais pobres, dizendo às pessoas que elas têm direitos, que devem lutar por eles e que devem participar das decisões de assuntos de seus interesses, não se deixando enganar por falsos amigos e protetores. Ou se pode promover a conscientização relativamente a determinadas situações ou em função de certos objetivos. Essa hipótese se verifica quando alguém está sendo usado para a promoção ou manutenção de injustiças e não percebe que isso está ocorrendo. É exatamente essa a situação do professor ou da professora que ensina os seus alunos a aceitarem passivamente as decisões do governo, a elogiarem sempre os governantes e a nunca se rebelarem contra a ordem estabelecida, sem indagar se esta é justa ou injusta. Esses professores geralmente agem assim porque são inconscientes.

Conscientizar uma pessoa é ajudá-lá a fugir da alienação e despertá-la para o uso da razão, dando-lhe condições para que perceba as exigências morais da natureza humana.

O trabalho de organização consiste em colaborar concretamente, fornecendo ideias ou meios materiais,

para que grupos humanos conjuguem seus esforços visando objetivos comuns.

Não basta assegurar às pessoas o direito de se organizarem. Muitas vezes um grupo de indivíduos está plenamente consciente de que sofre injustiças e de que através de um trabalho coletivo e organizado poderia conquistar uma situação mais justa. E no entanto, por ignorar suas próprias possibilidades, por não saber como proceder ou por não dispor dos meios materiais indispensáveis, esse grupo não se organiza.

Há também situações em que várias ou muitas pessoas sofrem as mesmas limitações e injustiças, sem que alguma dessas pessoas tenha a ideia ou iniciativa de organizar os esforços para uma ação conjunta. Isso ocorre com certa frequência entre as pessoas menos informadas ou mais fracas economicamente.

Em todas essas situações existe a necessidade de que alguém sugira, estimule e apóie concretamente a organização. Isso não quer dizer que o organizador deva assumir a posição de líder ou tutor do grupo. Bem ao contrário disso, é indispensável respeitar a independência do grupo, deixá-lo tomar suas próprias decisões e assumir suas responsabilidade, limitando o apoio ao mínimo necessário para que ele se organize.

Assim, portanto, promover a conscientização e a organização de pessoas e grupos é uma forma relevante

de participação política, pois através desses trabalhos muitas pessoas poderão livrar-se da marginalização e adquirir condições para integrar os processos de decisão política.

Participação eleitoral

Apesar das restrições anteriormente assinaladas, o processo eleitoral, através do qual o povo escolhe quem irá representá-lo no Legislativo e no Executivo, é uma forma importante de participação política. Cada indivíduo pode participar de modo diferente no processo eleitoral, havendo três possibilidades fundamentais: como eleitor, como candidato ou na condição de militante partidário.

Façamos, em seguida, uma breve análise de cada uma dessas possibilidades.

Votar e ser votado

A participação através do voto é o mínimo que se deve exigir para cada cidadão numa democracia representativa. Na impossibilidade de externar diretamente suas opiniões e de manifestar suas preferências em relação às decisões políticas que são tomadas diariamente o indivíduo aponta as pessoas que deverão fazer isso em seu nome.

Antes de tudo é necessário que cada indivíduo tenha consciência do significado do ato de votar, lembrando-se de que no momento em que vota está utilizando um dos principais instrumentos de que dispõe para exercer influência. Assim, pois, para que não seja desperdiçada essa oportunidade o eleitor deve procurar o candidato que mais corresponda aos seus pontos de vista e que esteja mais preparado para exercer as funções para as quais está sendo feita a escolha.

A escolha consciente exige do eleitor que procure obter previamente o máximo de informações. De um lado, informações a respeito da função ou do cargo para o qual está sendo escolhido o representante. É preciso saber quais serão as atribuições do escolhido, sobre que assuntos deverá falar e decidir, de que modo poderá atuar o representante.

De outro lado, é preciso procurar conhecer as características dos que se apresentam como candidatos. O eleitor deverá esforçar-se para saber o máximo possível sobre as atividades que cada candidato já desenvolveu, sobre o preparo de cada um para exercer as funções em disputa, sobre a coragem cívica do candidato para enfrentar oposições, sobre a firmeza moral de cada candidato para sustentar seus pontos de vista e para resistir aos ataques dos corruptores, bem como sobre o espírito público do candidato e sua disposição de

fazer sacrifícios pessoais quando isso for exigido pelo interesse dos representados.

Para que o voto seja consciente é preciso ainda mais. É necessário que o eleitor obtenha conhecimentos sobre os principais problemas sociais que o escolhido deverá procurar resolver, ao mesmo tempo em que procura firmar opinião sobre as melhores soluções para cada problema em particular e para o aperfeiçoamento de toda a ordem social.

Por tais motivos, o voto consciente exige que, além de uma visão da sociedade em seu conjunto, o eleitor se conscientize das necessidades e exigências do momento e do lugar em que a escolha está sendo feita.

É indispensável, afinal, que o eleitor não se esqueça de que o voto é a expressão de sua consciência e de que por isso ele não deve ser negociado, vendido ou trocado, não deve ser dado só para agradar alguém ou para pagar favores recebidos. A participação eleitoral através do voto poderá ser valiosa se o eleitor agir com liberdade, consciência e espírito público.

Outro modo de participação política através do processo eleitoral é a apresentação da candidatura para um cargo representativo, submetendo-se ao voto popular.

A rigor, pode-se dizer que as condições exigidas do candidato incluem todas as que são necessárias para o

VOTE

exercício consciente do voto. A par disso, porém, é indispensável que o indivíduo só se proponha como candidato se já tiver uma boa noção do que poderá e deverá fazer se for escolhido para representar o povo.

Não é raro que por vaidade, ambição ou inconsciência alguém se apresente como candidato, peça para ser votado, buscando tão-só a obtenção de vantagens pessoais. Nesse caso a pretensão de ser votado já não é mais um modo de participação política, transformando-se em simples veículo de promoção individual.

Para que uma candidatura seja um modo autêntico de participação política é indispensável que o candidato esteja consciente de que o mandato é sinal de um compromisso, é o recebimento de um encargo e não de um prêmio, é o começo e não o fim de uma etapa de trabalho pelo bem comum.

Uma questão que muitas vezes se tem discutido é o nível de preparo do candidato a um mandato público. Há quem sustente que só deveria ser admitida a candidatura de pessoas que tivessem passado por uma Universidade. Outros propõem a criação de cursos para candidatos, a fim de eliminar a possibilidade de eleição de indivíduos completamente despreparados, pois só seria admitida a candidatura de quem tivesse obtido aprovação num desses cursos.

É razoável exigir dos candidatos um mínimo de preparo intelectual, para que possam compreender o significado das propostas em discussão e para que, por seu lado, possam fazer propostas bem elaboradas e convenientes ao interesse público. Para ter esse nível de preparo não é necessário um curso universitário, havendo mesmo indivíduos que passam por uma Universidade e obtêm conhecimentos técnicos especializados sem conseguirem uma visão de conjunto dos problemas sociais.

Em última análise, o problema do preparo dos candidatos está diretamente relacionado com o nível de conscientização dos eleitores. Já houve inúmeros casos de eleição de candidatos evidentemente despreparados, mas em regra esses candidatos não conseguem reeleger-se e a tendência é no sentido de uma escolha cada vez mais cuidadosa pelo eleitorado.

É preciso lembrar, finalmente, que o bom preparo intelectual é insuficiente para dar responsabilidade moral, espírito público e sensibilidade política a um indivíduo. E muitas vezes essas qualidades, que são fundamentais para o bom representante, são encontradas em pessoas que tiveram apenas a escolaridade básica e que suprem com inteligência, esforço e boa vontade as deficiências de preparo intelectual.

Pertencer a um partido político

Os partidos políticos são organizações sociais criadas com a finalidade de promover a participação política e a conquista do poder politico para que na sociedade prevaleça determinada ideia ou linha de ação. Cada partido oferece uma proposta diferente para a solução dos problemas sociais, bem como para a organização e o governo da sociedade. Todos pretendem orientar as pessoas na tomada de decisões políticas, bem como agrupar o maior número possível das que têm opiniões semelhantes, a fim de que sua proposta predomine sobre as outras.

Com suas características atuais os partidos apareceram no final do século dezoito e ganharam grande prestígio durante o século dezenove. A ideia inicial era que os partidos fossem agrupamentos formados em torno de doutrinas políticas bem definidas, que deveriam condicionar a tomada de posições em relação aos problemas concretos. O que a experiência demonstrou, entretanto, é que a grande maioria das pessoas não tem muito conhecimento de doutrina política e não sente atração pela discussão de ideias, o que faz a maioria manter-se afastada dos partidos.

Sob influência dos movimentos de trabalhadores, já no final do século dezenove, os partidos começaram

a se preocupar mais com problemas de ordem prática, ou seja, com as disputas sobre os diferentes interesses das pessoas e dos grupos sociais, pois as questões dessa ordem atraem mais a atenção dos eleitores. Em consequência os partidos deixaram de ser agrupamentos representativas puramente de ideias políticas, procurando ser também representativos de interesses.

Essa nova orientação dos partidos políticos conseguiu atrair maior número de adeptos, mas ainda não foi suficiente para que a maioria das pessoas se interessasse permanentemente pelas atividades partidárias. Com raras exceções, os partidos atualmente só têm grupos de dirigentes que atuam durante todo o tempo, pois a quase totalidade dos que votam nos candidatos de um partido não tem filiação partidária ou só se liga a um partido às vésperas de uma eleição, passando a ignorá-lo depois do período pré-eleitoral.

Tal situação levou a um círculo vicioso: os partidos não atraem os eleitores porque são vistos como organizações afastadas do povo, dominadas e manipuladas por pequenos grupos; e sem a efetiva e permanente participação de muitos militantes os partidos não conseguem superar a característica de agrupamentos elitistas, controlados e usados por seus dirigentes. Isso foi mais agravado com o aparecimento de grande número de organizações comunitárias, fenômeno que

está ocorrendo hoje em muitas partes do mundo e que é especialmente dinâmico e vigoroso no Brasil.

Essas organizações comunitárias são agrupamentos de interesses, ou seja, reúnem pessoas que têm interesses comuns, agindo em função de problemas concretos e imediatos. Essa características torna mais atraentes as organizações comunitárias, as quais, além disso, vêm-se formando a partir da base, reunindo em condições de igualdade todas as pessoas que têm interesses fundamentais em comum. Desse modo, os participantes sentem que seus problemas reais estão sendo considerados com muito mais objetividade do que nos partidos. E a quase inexistência de formalismos, sem uma hierarquia rígida separando dirigentes e dirigidos, dá a todos a sensação de estarem participando das decisões.

É preciso lembrar, entretanto, que essas organizações comunitárias existem em função de interesses específicos, e quando discutem seus problemas e fazem suas reivindicações não levam em conta a totalidade dos interesses que existem e conflitam na sociedade. Assim sendo, embora muito autênticas e eficientes como veículos de expressão de interesses determinados, as organizações comunitárias não procuram promover a coordenação dos múltiplos interesses individuais e sociais na perspectiva mais ampla do conjunto da sociedade.

Esse trabalho de coordenação de interesses e de condução dos indivíduos e grupos sociais para objetivos comuns é tarefa dos partidos políticos. E para poder realizar essa tarefa os partidos devem procurar equilíbrio entre a afirmação de certas ideias, como princípios e objetivos a longo prazo, e o oferecimento de propostas concretas para a solução, imediata ou a curto prazo, dos problemas que afetam seriamente a vida de muitas pessoas. É necessário também que os partidos adotem formas de organização que não reservem o poder de decisão a pequenas minorias dirigentes, sem permitir que a maioria de seus integrantes exerça qualquer influência nas decisões.

Como ficou demonstrado, os partidos políticos podem ser bons instrumentos de participação política. E bem verdade que os partidos, quase sem exceção, ainda estão muito distanciados do povo e de seus problemas. Mas em lugar de permanecer longe deles, deixando que continuem a ter pouca utilidade como agentes de mudança social, é preferível que muitas pessoas conscientes e dispostas a agir entrem nos partidos e dentro deles trabalhem para democratizar sua organização e integrá-los nas lutas sociais.

Exercício de uma função publica

Toda função pública é um serviço público, é um meio de atuação do poder público na vida social. E em consequência dessa possibilidade de exercer alguma influência no funcionamento da sociedade pode-se dizer que toda função pública é, em certa medida, uma função política.

Uma característica relevante da função pública, que a torna substancialmente diferente das atividades particulares, é que as funções públicas têm sua própria existência justificada por necessidades ou conveniências de uma coletividade. Por esse motivo toda função pública está permanentemente comprometida, de modo direto, com a consecução do bem comum.

Assim, pois, quem exerce conscientemente uma função pública está desenvolvendo uma forma de participação política, contribuindo para o êxito ou o insucesso de um governo. Na realidade, até mesmo as tarefas mais simples, que demandam apenas esforço físico e que aparentemente não exigem ou. permitem a tomada de decisões, sempre exercem alguma influência sobre o governo. Basta lembrar que um serviço público bem executado contribui para estabelecer uma imagem positiva do governo, ajudando a criar boa vontade em relação a ele e despertando nos governados o desejo de colaboração.

Ao contrário disso, o servidor público que executa mal suas tarefas, deixando de fazer com presteza e correção o que lhe compete ou maltratando os que necessitam do serviço, está criando problemas para o governo, reduzindo sua eficiência e contribuindo para a sua desmoralização. Essa é, portanto, uma forma negativa de exercer alguma influência política, e seria imoral, por contrariar o bem comum, alguém assumir uma função pública e propositadamente executar mal o seu trabalho, com a intenção de prejudicar o governo.

Além desses aspectos particulares, deve-se lembrar que, numa visão mais ampla, as sociedades humanas necessitam de um governo, e por isso se pode dizer que o próprio governo é uma função social. E de seu desempenho depende, em grande parte, a felicidade ou infelicidade do povo.

Tudo isso deixa evidente que o exercício de uma função pública sempre pode ser encarado como uma forma de participação política. Há muitas situações em que essa forma adquire excepcional importância, o que se dá, por exemplo, quando o bom funcionamento do serviço é um compromisso do governo expressamente assumido ou quando uma função pública está relacionada com a solução de um problema social relevante ou com um propósito de mudança social.

Muitas vezes, aceitar ou recusar uma função pública já é uma opção política. A circunstância em que ocorre a aceitação ou recusa significa um compromisso com o governo, com seus objetivos políticos e sua linha de ação ou, ao contrário, a definição de uma posição divergente do que o governo quer ou de sua forma de agir. Há também situações em que a aceitação de uma função pública impõe sacrifícios de ordem pessoal, como o abandono de uma atividade mais rendosa ou de maior prestígio social, mas a compensação está exatamente na possibilidade de dar uma contribuição maior para o bem comum.

Uma ressalva importante que deve ser feita é que a busca de participação política através de uma função pública não deve significar o desvirtuamento das atribuições próprias de uma função ou então o abuso dessa função para atingir objetivos políticos. Quem exerce uma função pública não perde sua condição de ser humano e de cidadão e por isso continua tendo o direito à liberdade de opinião e de expressão. Só não se admite que esse direito seja exercido com prejuízo para o bom desempenho daquela função ou mediante o desrespeito de deveres que ela impõe.

Finalmente, é de toda conveniência lembrar que a procura de participação política através do exercício de uma função pública não exclui outras formas de

participação, havendo várias outras que são compatíveis com ela. Por outro lado, o exercício consciente de uma função pública pode ser uma forma relevante de contribuição para o bem comum, podendo mesmo ser, em determinados momentos e em relação a certas pessoas, o modo mais adequado de cumprir o dever de participação política.

Participação em reuniões, movimentos e associações

A natureza associativa do ser humano, isto é, o fato de que nenhum homem vive isolado mas todos precisam da companhia de outros, deveria ser suficiente para que ninguém procurasse resolver sozinho os problemas de relacionamento. E ainda mais ilógico as pessoas quererem resolver isoladamente os problemas que são comuns a muitos ou mesmo a toda a sociedade.

Além disso, quando um indivíduo decide sozinho a respeito de algum assunto de interesse de muitos corre sempre o risco de tomar decisões que acarretem prejuízos a outros ou mesmo a todo o conjunto da sociedade. Por outro lado, é sempre mais fácil conhecer todos os aspectos de um problema, encontrar solução adequada e conseguir que esta seja

aplicada concretamente quando muitos trabalham juntos. Uma vez mais é conveniente lembrar que a força do grupo muitas vezes compensa a fraqueza dos indivíduos, o que é especialmente importante quando se trata de indivíduos economicamente fracos ou socialmente marginalizados.

Por todos esses motivos é que aparecem nas Constituições os direitos de reunião e de associação entre os direitos fundamentais da pessoa humana. Utilizando esses direitos cada indivíduo pode ampliar consideravelmente sua possibilidade de participação política, inclusive para influir no sentido de ampliar a participação de todos. Façamos uma breve análise dessas formas de participação.

Reuniões políticas

Como se tem assinalado, participação política não é apenas votar e ser votado.

Uma forma de participação em conjunto é através de reuniões. Quando várias pessoas querem defender ou promover certos interesses de alguma importância no meio social, uma das primeiras providências a serem adotadas será a realização de reuniões. Desse modo todos ficam mais informados a respeito do assunto, há uma troca de pontos de vista, as possibilidades e

1. ...COMPANHEIROS, UMA QUESTÃO DE ORDEM:
2. NÓS JÁ DISCUTIMOS ESTAS QUESTÕES HÁ VÁRIAS HORAS SEM NENHUMA CONCLUSÃO...
3. CHEGOU A HORA DE FAZERMOS PROPOSTAS CLARAS E OBJETIVAS:
4. EU PROPONHO UMA NOVA REUNIÃO!
BOA!
GÊNIO!
É ISSO AÍ!
CLAP! CLAP!

dificuldades são avaliadas e, se for o caso, podem ser traçados planos para uma ação conjunta.

Para que as reuniões produzam resultados, como forma de participação política, é preciso que se busque o máximo de objetividade. Deve-se evitar a variedade excessiva de assuntos, bem como a dispersão das discussões, o desvio para temas paralelos, a repetição cansativa de explicações e argumentos, bem como a exposição e o comentário de particularidades que apenas ilustram situações sem contribuir para a tomada de decisões.

Outro aspecto importante é a organização das reuniões. É necessário que haja um dirigente, assim como alguém que faça o registro das decisões e, quando couber, das providências que deverão ser adotadas. Embora haja necessidade desse mínimo de organização é indispensável que se mantenha o caráter democrático da reunião, assegurando-se a todos os participantes a possibilidade de exporem suas opiniões, sem privilegiar algum participante ou algum ponto de vista. Para tanto é preciso que os integrantes da reunião respeitem as opiniões divergentes, permitindo que estas sejam expostas e defendidas.

Por último, é necessário dar consequência às reuniões, ou seja, os participantes devem sentir que houve algum proveito, que em conjunto fizeram melhor do que

fariam sozinhos e que as decisões que tiverem tomado terão resultado prático. É preciso considerar também que a participação em reuniões sempre exige que os participantes empreguem nisso o tempo que poderia ser utilizado em outra atividade, podendo mesmo ocorrer que essa outra fique prejudicada.

Por esses motivos as reuniões devem ser consequentes, a fim de que não se limitem à mera aparência de participação nem acarretem desgaste, dispersão de forças ou desânimo. As reuniões podem contribuir bastante para a conscientização das pessoas e conjugação de esforços, constituindo e, então, numa forma eficiente de participação política.

Em complemento a essas considerações é importante ressaltar que no Brasil o direito de reunião é assegurado pela própria Constituição. Todos têm o direito de participar de reuniões, desde que não estejam portando armas. A autoridade pública não pode proibir a reunião, mas se for necessário poderá estar presente para manter a ordem. Em casos excepcionais, previstos em lei, a realização da reunião deverá ser comunicada previamente à autoridade policial, podendo esta determinar em que lugares a reunião poderá ser realizada como acontece no caso dos comícios políticos.

Movimentos políticos

A participação em movimentos organizados pode ser, em determinadas ocasiões, o modo mais adequado e eficiente de mobilização popular em favor de certo objetivo político. O movimento tanto pode visar a defesa de situações já conquistada como pode ser desenvolvido para que certas metas sejam atingidas.

Quanto à organização básica, à fixação de objetivos e ao processo de discussões e tomada de decisões, qualquer movimento deve procurar a objetividade, a preservação do caráter democrático e o efeito prático do que for decidido, como já foi assinalado em relação às reuniões. É preciso, porém, acrescentar algumas exigências, tendo em vista que todo movimento social é um processo, isto é, um conjunto de atos coordenados e dirigidos para certo fim.

É preciso que os participantes estabeleçam, com a possível antecipação, que atos serão praticados e que elementos serão utilizados, para garantir a continuidade do movimento, para evitar que atos isolados prejudiquem sua unidade e para que se dê maior ou menor aceleração nos momentos adequados. Há necessidade de se manter um mínimo de dinamismo e de organização, mas também é preciso que se mantenha certa flexibilidade. Deverão ser feitas avaliações periódicas dos

resultados e das eventuais falhas, corrigindo-se o que se tiver revelado inconveniente e adicionando-se outros elementos que forem sugeridos pelas novas situações.

É indispensável não perder de vista que um movimento visando mudanças políticas ou sociais, ou mesmo objetivando impedir certas mudanças, sempre encontra resistências. Estas devem ser consideradas e avaliadas com a maior antecedência possível, para que possam ser contornadas ou enfrentadas do modo mais conveniente aos objetivos do movimento. Devem-se evitar os enfrentamentos desnecessários, a menos que haja certeza de que o obstáculo poderá ser vencido e de que essa vitória será benéfica para fortalecer o movimento.

Existem movimentos que visam objetivos relativamente limitados, podendo a limitação referir-se aos próprios objetivos, como também ao espaço em que atuam ou ao tempo em que pretendem obter o resultado. Quando se busca atingir uma situação social específica, como, por exemplo, a revogação da Lei de Segurança Nacional, a finalidade é limitada. Se o movimento visar a alteração num bairro, numa favela ou numa cidade a limitação será no espaço. E se a finalidade do movimento for o alistamento do maior número possível de eleitores até a próxima eleição, haverá uma limitação no tempo. Em todos esses casos a organização do movimento e seus métodos de ação

devem levar em conta a limitação dos objetivos, para que os elementos disponíveis sejam usados no tempo certo e do modo mais conveniente.

Outros movimentos visam objetivos muito amplos, sendo provável a necessidade de uma longa duração. Nesse caso é preciso pensar em termos de um movimento permanente. Por isso não se vai exigir dos participantes que durante todo o tempo subordinem todas as suas atividades aos objetivos do movimento, embora haja movimentos em que é necessário pedir maior dedicação. A exigência de sacrifícios exagerados por tempo muito prolongado afasta participantes e enfraquece o movimento.

Num movimento permanente é preciso racionalizar a utilização dos recursos disponíveis e prever a obtenção constante de novos recursos, para que não ocorra a excessiva intensificação num determinado instante sobrevindo depois a quase paralisação. O mesmo cuidado deve ser tomado em relação aos efeitos políticos e psicológicos do ritmo do movimento. A aceleração demasiada poderá despertar uma reação muito forte, dificultando a continuidade, assim como um momento de grande êxito, sem condições de manutenção das posições conquistadas, poderá dar aos participantes, depois de passado o momento mais favorável, a sensação de recuo ou de fracasso.

Assim, por exemplo, um movimento visando a reforma agrária no Brasil deverá ser organizado e desenvolvido com a consciência de que há um longo caminho a ser percorrido. É preciso que os participantes estejam preparados, material e psicologicamente, para um trabalho permanente, com momentos mais favoráveis e com sucessos parciais, ao lado de situações mais difíceis, até mesmo com a possibilidade de pequenos retrocessos.

Os movimentos politicos não têm um padro de organização e de métodos de ação, devendo variar de acordo com os objetivos e as circunstâncias. Esses movimentos se constituem numa importante possibilidade de participação política, permitindo geralmente aos seus integrantes que desenvolvam ao mesmo tempo outras formas de participação.

Associações políticas

Uma associação é um agrupamento de pessoas, permanente e organizado, visando determinado objetivo. Diferentemente do que ocorre com os movimentos, nas associações os integrantes são determinados e compreendem apenas aqueles que forem formalmente aceitos pelo grupo. Já por aí se vê que as associações estão mais presas a formalidades do que

os movimentos, embora se possa e se deva simplificar quanto possível as regras a que elas estão sujeitas.

O direito de associação foi incluído entre os direitos fundamentais da pessoa humana visando assegurar mais proteção e maior poder de influência aos economicamente fracos. Nos tempos modernos quem primeiro utilizou as associações como instrumento de luta política foram os burgueses, na fase inicial da burguesia, por volta do século XIII. Mais tarde, no final do século XVIII, os trabalhadores mais modestos procuraram associar-se para lutar por melhores condições de trabalho e de vida. Nesse momento a burguesia já tinha conquistado o poder poético em vários países, entre eles a França. Temendo a força dos grupos organizados o governo francês estabeleceu, em 1791, a proibição legal das associações, através da Lei Le Chappelier.

Apesar das proibições e perseguições foram sendo formadas e ganhando força as associações, a tal ponto que já nas primeiras décadas do século XIX seu número e sua influência eram consideráveis, e por pressão das próprias associações foi reconhecido aos individuos o direito de se associarem, que passou a ser expressamente mencionado nas Constituições, no capítulo dos direitos e garantias fundamentais.

No Brasil esse direito está expresso na Constituição, segundo a qual podem ser organizadas associações para

qualquer finalidade que não seja proibida por lei. O Código Civil brasileiro estabelece algumas regras para a criação de associações com personalidade jurídica, ou seja, associações que sejam reconhecidas como pessoas e que possam agir perante o poder judiciário para defender seus direitos. Para tanto é preciso que os organizadores da associação, que podem ser dois ou mais, aprovem os estatutos e façam seu registro no Cartório do Registro de Títulos e Documentos. Os dirigentes e os membros da associação serão aqueles previstos nos estatutos, não havendo qualquer regra legal a esse respeito, não se exigindo também que a associação tenha livros contábeis nem que ela se registre em outras repartições.

A organização de uma associação para promover atividades políticas e sociais pode ser vantajosa sob muitos aspectos. Antes de tudo, as pessoas reunidas na associação terão um poder de pressão maior do que aquele que teriam se agissem isoladas. Assim, o indivíduo que procurar uma autoridade para fazer um pedido terá mais possibilidade de ser ouvido se apresentar-se como membro ou dirigente de uma associação. Além dessa, há outra importante vantagem, especialmente significativa quando não existe plena segurança para atividades políticas: a associação dá mais proteção aos seus membros, pois uma vez que os atos sejam

praticados em nome dela fica menor a responsabilidade individual de cada um de seus integrantes.

Por todos esses motivos a associação é uma forma de participação política das mais convenientes, pois permite a conjugação de esforços, garante a continuidade das atividades e assegura a proteção legal para os participantes, uma vez que o simples registro dos estatutos lhe dá existência legal e lhe confere direitos que as autoridades são obrigadas a respeitar.

Exercício de crítica

Todo indivíduo tem o direito e o dever de opinar sobre os assuntos e as decisões que afetem seus interesses, assim como sobre tudo que for de interesse comum. É evidente que o direito de opinar não significa apenas a possibilidade de manifestar concordância. O mais importante é justamente o direito de divergir, de discordar, de manifestar oposição. Mas também é necessário saber enxergar o que é bom, o que é conveniente, o que deve ser mantido ou estimulado.

Essa capacidade de fazer distinção entre as coisas, de separar o que é diferente, é a crítica. No seu exato sentido criticar não é ser contra, é analisar e distinguir. Assim, pois, para criticar é preciso conhecer, examinando as coisas com cuidado e objetividade.

Do ponto de vista político, todo indivíduo pode e deve fazer constantemente a crítica da organização política e social e do governo. Para tanto é necessário estar atento ao que acontece, procurando obter informações e esclarecimentos, analisando o comportamento dos governantes e dos governados, comparando fatos e situações, fazendo o possível para estabelecer a ligação correta entre as causas e as consequências.

Há vários perigos que precisam ser evitados por quem exerce a crítica. Um deles é a confusão entre a aparência e a realidade, entre o que parece estar acontecendo e aquilo que realmente acontece. A vida social de nosso tempo é muito dinâmica, a organização social é um emaranhado de situações, e muitas vezes o mesmo indivíduo exerce vários papéis diferentes, sendo difícil distinguir quando ele age numa ou noutra qualidade. Por esse motivo, às vezes é muito difícil encontrar a lógica no comportamento ou nas decisões de um governante, quando ele é influenciado por muitos fatores e interesses diversos.

Não é raro que os meios de divulgação sejam manipulados para criar uma falsa imagem da realidade, ocultando os fatos ou uma parte deles ou apresentando--os de modo a orientar para certa direção a opinião de quem analisa e julga. É comum também que os próprios governantes procurem ocultar sua verdadeira

motivação, apresentando falsos motivos ou fornecendo informações falsas ou distorcidas, para se apresentarem de modo mais favorável perante a opinião pública ou dificultarem o conhecimento e o julgamento de seus atos.

Todas essas dificuldades podem ser superadas, pelo menos em boa parte, através do acompanhamento constante e atento dos acontecimentos. Associando fatos, comparando situações, verificando a ligação ou a contradição entre fatos ocorridos em lugares e épocas diferentes, o crítico poderá descobrir a realidade escondida atrás da aparência.

Outro risco muito grave no exercício da crítica é a influência dos preconceitos, que podem ser políticos, sociais, filosóficos, religiosos, raciais ou de outra espécie. Quem examina com preconceito já separa, de início, o bom e o mau, o certo e o errado, mas sempre a partir de opiniões já estabelecidas e sem admitir a revisão das conclusões adotadas anteriormente. Quem examina com preconceito não faz verdadeira crítica, pois geralmente já tem a opinião final antes mesmo de conhecer os fatos e quando procede ao exame dos dados só enxerga aquilo que confirma sua conclusão ou interpreta-os sempre do modo que desejaria que eles fossem.

Muito perto do preconceito está a intolerância. O intolerante é também incapaz de crítica, pois só admite

como boas as suas verdades. Em consequência, mesmo que veja a realidade como ela é recusa tudo que não está de acordo com a sua vontade, considerando mau ou errado o que contraria suas preferências.

O exercício da crítica é também uma forma importante de participação política, pois fornece elementos para que cada indivíduo proceda conscientemente ao tomar suas próprias decisões e ajude os demais a formarem suas respectivas opiniões. O esclarecimento, a denúncia, a discussão ajudam a participação consciente, mas para serem responsáveis e consequentes é indispensável que tenham por base uma avaliação crítica. Desse modo a participação política será racional, menos sujeita à influência da demagogia e mais coerente com os objetivos políticos pretendidos.

Todas as ações humanas que produzem algum efeito sobre os objetivos dos grupos sociais ou sobre as regras

VIII
TODOS SÃO POLÍTICOS

de convivência são de natureza política.

É comum que organizações sociais poderosas e influentes se declarem apolíticas, dizendo-se rigorosamente profissionais ou dedicadas a determinado tipo de atividade, sem objetivos políticos. Assim também ocorre com muitos indivíduos que apesar de exercerem função pública destacada, ou de terem uma atividade profissional que acarreta sua influência sobre os comportamentos de muitas pessoas, se dizem políticamente neutros. Não há dúvida, por exemplo, de que o Exército, a Federação das Indústrias do Estado de São Paulo, a Conferência Nacional dos Bispos do Brasil, a Ordem dos Advogados, a Associação Brasileira de Imprensa, a Escola Superior de Guerra são organizações políticas muito influentes no Brasil, embora não tenham qualquer vinculação partidária e não se definam como políticas. O mesmo se pode dizer em relação aos que exercem um cargo de ministro ou secretário de Estado ou de Município.

Nos últimos anos, com o progresso da tecnologia e a introdução de equipamentos técnicos sofisticados e métodos de racionalização na administração pública surgiu a figura do tecnocrata. Aparentemente o tecnocrata é apenas um técnico, políticamente neutro. Na realidade, porém, ele é um alienado ou oportunista, sempre disposto a aderir à corrente política predominante e a realizar seu trabalho do modo e no sentido mais conveniente aos detentores do poder. O tecnocrata está a serviço de uma política, daí a natureza política de sua atividade.

Não existe neutralidade política no exercício de funções públicas ou de atividades privadas que influam sobre o comportamento social, os direitos e os interesses das pessoas ou de grupos sociais. É possível que uma pessoa desenvolva uma atividade dessa espécie sem consciência de que está exercendo influência sobre a vida social. Outros acham que não são políticos por não serem vinculados a um partido político ou por serem

indiferentes às atividades rotuladas como políticas, ou ainda porque, no íntimo, são até contrários às ideias ou aos objetivos da facção política a que servem.

Como já foi observado, há situações em que o indivíduo vive em tal dependência que não tem a possibilidade de manifestar sua discordância política. Isso não quer dizer, porém, que seus atos, praticados em sentido oposto ao desejado por ele, não tenham significação política. É importante que se tenha consciência disso, para que não ocorra a entrega da vontade e para que permaneça vivo o desejo de conquista da liberdade.

É fundamental não perder de vista que todas as atividades, de indivíduos, de grupos ou de instituições, que influem sobre o comportamento das pessoas, ou para que aceitem passivamente as decisões de outras ou para que resistam a elas, ou para que conservem a ordem estabelecida ou para que procurem mudá-la, ou para que apóiem o governo ou para que se oponham a ele, são atividades políticas.

Como consequência disso, pode-se concluir que há uma responsabilidade política implícita no exercício de todas essas atividades. Exercê-las é também uma forma de participação política. Quem não tiver consciência dessa implicação corre o risco de aceitar uma falsa neutralidade política e até mesmo de colaborar para o estabelecimento ou a manutenção de uma ordem contrária aquela que

mais corresponde aos seus interesses e à vontade.

Quando alguém diz que não se interessa por política, acreditando que pode cuidar exclusivamente de seus interesses particulares e que estes nada têm a

IX

DESINTERESSE POLÍTICO: A QUEM INTERESSA?

ver com as atividades políticas, está revelando falta de consciência. Na realidade não existe quem não sofra as consequências das decisões de governo, que são essencialmente políticas. Manter-se alheio à política é uma forma de dar apoio antecipado e incondicional a todas as decisões do governo, o que é, em última análise, uma posição política. Por aí se vê o engano de quem acredita que pode manter-se fora da política. sem nenhuma relação com ela.

Num estudo baseado em pesquisa realizada na França sobre a despolitização, Marcel Merle faz distinção entre duas espécies de antipoliticismo ou atitude contrária à participação política: a *tática* e a *doutrinária*.

O desinteresse pregado por motivos táticos é baseado na intenção de afastar o povo das decisões políticas. Os grupos de tendência totalitária, que desejam decidir sozinhos, sem interferência do povo, procuram desestimular a participação política. Através de um trabalho de propaganda tentam difundir a ideia de que o povo não pode e não quer perder tempo com problemas políticos.

Paralelamente à divulgação de ideias visando desestimular a participação política, os grupos que tomam um governo e querem evitar que o povo exija procedimentos democráticos e honestos costumam forçar a mudança das leis para concentrar em suas mãos a maior soma possível de poderes. Desse modo, o povo sente que não influi de maneira alguma nas decisões e que sua participação é apenas uma formalidade sem importância. E acaba por se desinteressar até dessa participação formal, deixando o grupo dominante governar como quiser, sem nenhuma responsabilidade.

Nesse caso o grupo dominante sabe que existem meios para possibilitar ao povo uma participação efetiva nas decisões políticas. E sabe também que o povo, se for bem informado, é capaz de escolher com sabedoria os seus caminhos, de fazer distinção entre os partidos e

candidatos que têm interesse pelo bem comum e aqueles que procuram as funções públicas para promover seus interesses particulares. Mas o grupo que tem o privilégio de decidir sozinho e que usa tal privilégio em seu proveito não quer o povo participante e por isso faz o possível para estimular o desinteresse.

A outra espécie de rejeição da participação é o antipoliticismo doutrinário, ou seja, a pregação do desinteresse por motivos teóricos. Nesse caso é preciso fazer distinção entre várias situações diferentes.

Há os que acham que o povo deve deixar um grupo de pessoas mais esclarecidas tomar as decisões políticas, porque acreditam que desse modo o povo será mais beneficiado. As decisões seriam tomadas por uma elite política, mais esclarecida e interessada, mas sempre dando maior importância aos interesses do povo. Essa é a posição típica dos grupos autoritários, que não acreditam nos processos democráticos.

Há os que falam que o povo não deve participar da política, querendo referir-se especialmente às atividades eleitorais e partidárias, mas fazendo restrições a todos os movimentos populares pacíficos. Os que pensam desse modo também afirmam que os interesses do povo devem estar em primeiro lugar, mas entendem que só por meio de ações violentas é que se poderá conseguir qualquer mudança em favor do povo. Esses

são os grupos anarquistas, que procuram promover o desinteresse pela participação política normal, ordenada e pacífica.

Não se deve confundir anarquismo com terrorismo, pois o terrorista, tanto o que se diz de direita como o de esquerda, deixa evidente que não é movido pelos interesses do povo mas apenas pela vaidade de aparecer como herói, pelo objetivo de obter proveitos pessoais ou então por uma doentia necessidade de praticar violência. Assim, também, não devem ser confundidos com terroristas os que lutam para obter justiça ou por qualquer causa de relevante valor moral.

Existem, finalmente, os tecnocratas, isto é, os que consideram o governo da sociedade uma tarefa para os técnicos e especialistas. Estes são inconscientemente autoritários e muitas vezes não chegam a perceber que as decisões políticas exigem que sejam considerados os aspectos particulares de cada situação em cada momento, não sendo possível fabricar decisões dessa espécie com base em regras gerais e permanentes, como se fabrica qualquer objeto.

O ponto comum de todas essas posições é o desejo de afastar o povo das decisões políticas, reservando para um pequeno grupo tais decisões. É evidente que isso não convém ao povo, pois o que a história demonstra muito claramente é que todas as vezes em que um

grupo decide sozinho acaba pondo em primeiro lugar seus próprios interesses, deixando em plano secundário ou mesmo ignorando os interesses comuns de todo o povo.

Assim, pois, o desinteresse político não interessa ao povo. Se estiverem sendo adotados processos de decisão política que não asseguram a prioridade dos interesses comuns é preciso trabalhar pela mudança de tais processos. E para que as mudanças sejam feitas visando favorecer a democratização política é indispensável que o povo participe desse trabalho. Em conclusão, ao povo sempre interessa a participação, ou para tomar decisões, usando regras já estabelecidas, ou para estabelecer novas regras que possibilitem maior participação do povo nas decisões política.

A participação política é uma necessidade da natureza humana. Para todos os seres humanos é indispensável a vida em sociedade e para que esta seja possível torna-se

X

PARTICIPAÇÃO POLÍTICA, PROMOÇÃO HUMANA E JUSTIÇA SOCIAL

necessária uma organização, ou seja, é preciso que exista uma ordem, na qual as pessoas possam viver e conviver.

E necessário ter sempre em conta que a ordem social é ordem humana, ordem de pessoas que têm inteligência e vontade e que se acham em constante movimento. Por esse motivo a ordem social não pode ser confundida com uma simples arrumação de coisas. Assim, portanto, não se pode admitir que nas sociedades humanas se estabeleça distinção entre os que arrumam e os que são arrumados.

Em vista de tais características, todo indivíduo que viva numa sociedade democrática tem várias tarefas importantes a executar. E preciso estabelecer as regras de organização e funcionamento da sociedade; é indispensável que essas regras sejam flexíveis e que sofram alteração sempre que houver mudanças significativas na realidade social, devendo-se decidir quando e em que sentido mudar; é necessário, ainda, tomar decisões para resolver as situações de conflito, fixando os rumos em que a sociedade deve caminhar e resolvendo os conflitos de acordo com esses rumos. Para os que vivem numa sociedade não-democrática a tarefa mais importante, como é evidente, é lutar para que ela se torne democrática.

Concluindo, em relação à participação política de toda pessoa humana no mundo de hoje há três pontos fundamentais que devem ser ressaltados:

Política com maiúscula

Existe uma atividade política autêntica, necessáária, voltada para o bem comum. Essa atividade tem alto valor moral, porque se inspira na solidariedade humana e na consciência de que todos os seres humanos são responsáveis pela defesa e promoção da dignidade humana.

A terceira Conferência do Episcopado Latino americano, realizada em Puebla, no México, no ano de

1979, ressaltou a necessidade de participação política de todos, ao mesmo tempo em que condenou o desinteresse pela política e denunciou a ingenuidade ou falsidade dos que se dizem políticamente neutros. Sintetizando o pensamento dos bispos da América Latina sobre a atividade política, Leonardo Boff estabelece a seguinte distinção:

- "Política com maiúscula - é a busca comum do bem comum, a promoção da justiça, dos direitos, a denúncia da corrupção e da violação da dignidade humana".
- "política com minúscula - é toda atividade que se destina à administração ou transformação da sociedade mediante a conquista e o exercício do poder do Estado".

A política neste sentido é a simples busca do poder para satisfazer os interesses particulares de um grupo, sem compromisso com a dignidade humana.

A participação política de que todo ser humano tem necessidade, e que por isso é direito e dever de todos, é aquela voltada para a consecução do bem comum.

Participação formal e participação real

Quando se fala em participação política é muito conveniente distinguir entre a participação formal e a real. Não é raro que se conceda ao povoa possibilidade de participar em atividades políticas secundárias, que

podem dar a sensação de ser fundamentais mas que não afetam o poder de decisão do grupo dominante, enquanto se nega o direito de participar naquilo que é realmente decisivo.

A participação formal é a prática de formalidades que só afetam aspectos secundários do processo político. É o que acontece, por exemplo, quando um governo promove eleições mas dificulta de tal modo a organização e as atividades dos grupos de oposição que praticamente garante a vitória dos candidatos governistas. Foi isso o que ocorreu no Brasil entre 1964 e 1988. Nesses casos existia apenas uma aparência de participação, pois a eleição de representantes já era cheia de limitações e os eleitos não podiam falar livremente.

Participação real é aquela que influi de algum modo nas decisões políticas fundamentais. Isso não quer dizer que a participação política só é real quando levá imediatamente à obtenção de todo o resultando desejado. Os interesses particulares dos indivíduos e dos grupos participantes podem ser conflitantes, como também podem ser divergentes as concepções do bem comum. Isso obriga a atitudes de conciliação e muitas vezes só permite avanços gradativos no sentido de algum objetivo político.

É importante que exista para todos a mesma possibilidade de agir com liberdade para formar e externar as

opiniões e que ninguém seja impedido de manifestação livremente sua vontade em relação aos assuntos de natureza política. Depois disso, é fundamental que as decisões políticas representem a síntese das diferentes opiniões. Desse modo não haverá o risco de ditadura das maiorias e todos terão uma possibilidade real de participação política.

Há situações em que o governo está nas mãos de um pequeno grupo e não deseja conceder ao povo a participação real mas que, pressionado por alguma força social poderosa, não pode recusar pelo menos a participação formal. Nesses casos o grupo dominante abre para o povo a possibilidade de participação política, pretendendo que ela seja apenas formal. Se nessa oportunidade houver um trabalho eficiente de conscientização e organização do povo, com a exploração inteligente das fraquezas e das incompetências do grupo dominante, aquela abertura restrita poderá ser ampliada e o povo poderá conquistar a participação real.

Assim, portanto, só existe verdadeira participação política quando ela for real, assegurando a todos e a cada um a possibilidade de influir nas decisões políticas.

Busca da nova sociedade

3X4

O mundo de hoje, especialmente nos países que adotam o sistema capitalista, apresenta acentuados desníveis econômicos, sociais e políticos. Pequenos grupos conseguiram influir de tal modo sobre a organização da sociedade que impuseram o estabelecimento de regras de convivência inteiramente favoráveis aos economicamente fortes e aos que se põem a seu serviço.

Grandes massas, economicamente fracas e dependentes, são mantidas em posição social de inferioridade e não têm a possibilidade de participação política real. Milhões de pessoas vivem em situação de absoluta marginalização política, econômica e social, só recebendo o mínimo necessário para continuar fornecendo aos dominadores sua força de trabalho e mal conseguindo sobreviver quando esta se debilita ou já não interessa aos exploradores.

O ser humano está sendo tratado como ferramenta, mercadoria ou mero consumidor de bens materiais, inteiramente subordinado a objetivos econômicos. Os grandes capitalistas, operando em escala nacional ou multinacional, utilizando os meios de divulgação e as instituições de ensino, controlando o exercício do poder político e a aplicação dos recursos sociais, fazem do desenvolvimento econômico a preocupação suprema dos governos e o objetivo da vida humana.

A intensificação da busca d e desenvolvimento econômico acentuou exagerada mente a degradação dos valores humanos. O aumento da produção de riqueza acarretou o aumento da marginalização social, das angústias, da insegurança, da infelicidade. O ganho econômico se fez à custa de grandes perdas humanas e sociais. O mundo foi dominado pelo "materialismo prático" de que fala o papa João Paulo 2º em sua encíclica sobre os trabalhadores. E os valores morais e espirituais da humanidade foram sufocados pela obsessão do dinheiro e do lucro.

Esse quadro de injustiças e degradação acordou muitas consciências e já se pode perceber, no mundo inteiro, a reação do ser humano, buscando a recuperação de seus valores fundamentais. O homem consciente luta pela participação política e trabalha para despertar novas consciências, pois o aumento do número de participantes será a grande força, capaz de eliminar as injustiças e restaurar a dignidade humana.

O novo século promete ao mundo uma nova sociedade. A participação política de muitos favorecerá a plena realização de cada participante como ser humano e apressará a construção da nova sociedade, na qual as decisões políticas serão de todos.

Para se compreender bem o problema da participação

política é importante ser bem consciente do que significa hoje viver numa sociedade democrática. Um bom trabalho a esse respeito é o livro *Democracia*, de Georges Burdeau, editado por Publicações Europa--América em 1969 (2ª ed.).

INDICAÇÕES PARA LEITURA

Outro livro que poderá ser muito útil para a compreensão do significado da organização social e para obtenção de ideias claras a respeito do ser humano enquanto membro da sociedade, como "homem--cidadão" e "homem-trabalhador", é *Iniciação à Política*, de Xavier de Bonnardière, publicado em português por Edições Paulinas, em 1969. Esse livro foi escrito com o objetivo de estimular os jovens à participação política ativa, discutindo, inclusive, a participação fora dos partidos.

A respeito do problema específico da participação política é excelente a obra *La Despolitización*, que é um conjunto de ensaios coordenados por Georges Vedel. Os trabalhos reunidos nesse livro, incluindo muitas informações, foram preparados por iniciativa da Associação Francesa de Ciência Política, que se preocupava exatamente com o problema da aparente falta de interesse pelas atividades políticas. Essa obra, publicada na França pela Librairie Armand Colin, ainda não tem tradução para a língua portuguesa, podendo ser encontrada no Brasil uma edição em espanhol, da Editorial Tecnos, publicada em 1973.

Na coleção Primeiros Passos, desta Editora, existem vários livros que serão muito úteis para complementar um estudo sobre participação política. Entre eles podem-se destacar *O que é política*?, de Wolfgang Leo Maar, onde se estuda o significado da política para a vida da humanidade, demonstrando-se a missão civilizadora da política. Meu livro *O que são direitos da pessoa* poderá ser útil para ampliar as noções sobre as regras de convivência social, sua origem, seus fins e sua legitimidade.

A respeito das organizações populares e de sua importância política é muito elucidativa a obra *A Constituição e as organizações populares de base*. Trata-se de um pequeno ensaio político-jurídico, demonstrando as novas possibilidades de mobilização popular surgidas com a democratização de Portugal.

O autor é Fernando Luso Soares, e a obra foi publicada pela editora DIABRIL, de Lisboa, em 1977.

Será também muito útil a leitura de um importante trabalho de análise das necessidades da sociedade moderna e das respostas aos novos desafios, intitulada *Fé cristã e compromisso social*, escrito por Pierre Bigo e Fernando Bastos de Ávila. Os autores são padres jesuítas que procuram compreender e discutir, com espírito aberto e atentos para a realidade social, os grandes problemas de participação política e social de nosso tempo. Embora dando especial relevo às questões suscitadas pela Doutrina Social da Igreja e pelos deveres dos Cristãos em face das injustiças sociais, os autores fornecem pistas para meditação e debate de toda a problemática da participação. A obra foi editada por Edições Paulinas, de São Paulo, em 1982.

Num plano menos teórico e mais prático, tratando de aspectos fundamentais relacionados com a organização e o funcionamento dos movimentos populares existe um livro muito interessante, denominado *Construindo o Poder Popular*, publicado por Edições Paulinas, no ano de 1982. O autor é Plínio de Arruda Sampaio, que teve a oportunidade de participar com muita intensidade na implantação do planejamento em nível estadual, no Estado

de São Paulo. Além disso, foi deputado federal e posteriormente trabalhou no Chile durante o governo democrático de Salvador Allende, na área de planejamento. Seu livro reflete sua larga experiência e é escrito com muita clareza e objetividade, podendo ser considerado uma espécie de roteiro básico para a organização popular.

Tendo em vista a grande importância da participação ativa nas atividades econômicas, na empresa e fora dela, será muito útil a leitura do livro *Empresa Comunitária*, escrito pelo empresário Jones dos Santos Neves e publicado pela Editora Nobel, em 1985. Trata-se de um estudo que pode ser considerado arrojado, pois revela grande preocupação com a justiça social e procura oferecer um caminho original, baseado na solidariedade, para eliminação do caráter de dominação das relações entre capital e trabalho.

É também de muito interesse o livro *Comunidade de Trabalho*, escrito pelo dominicano João Batista Pereira dos Santos e publicado pela Editora Vozes em 1982. Preocupado sobretudo com o problema do desemprego, o autor oferece sugestões para a formação de comunidades de trabalho, na cidade ou no campo. Esses dois últimos livros tratam do problema da convivência com liberdade econômica,

requisito fundamental para a liberdade política.

Nasci em Serra Negra (SP) em 31/12/1931. Em 1947 meus pais decidiram passar a morarem São Paulo, "para que os filhos pudessem estudar". Desde então, trabalhando e estudando vivo intensamente a vida dessa fantástica cidade, imensa, ilógica, dinâmica e fascinante.

SOBRE O AUTOR

Acho que aproveitei bem a oportunidade, pois cheguei à Faculdade de Direito da USP, as tradicionais Arcadas do Largo de São Francisco, na qual obtive meu diploma de bacharel em Direito em 1953. Na realidade nunca sai dessa Faculdade, pois nela mesma fiz alguns cursos de pós-graduação e, mediante concurso público, tomei-me seu professor, da disciplina Teoria Geral do Estado, em 1963. E ali continuo exercendo minhas atividades docentes. Conseguindo realizar um velho sonho de aluno, fui Diretor dessa mesma Faculdade de 1986 a 1990.

Paralelamente à minha atividade universitária,

trabalhei bastante como advogado, principalmente em áreas relacionadas com a defesa de Direitos Humanos, e sobretudo a partir da Comissão Justiça e Paz da Arquidiocese de São Paulo, da qual fui o primeiro presidente, de 1972 a 1980.

Fui eleito para a Comissão Internacional de Juristas, organização não-governamental sediada em Genebra, com assento na Comissão de Direitos Humanos da ONU. Desde agosto de 1990 sou secretário dos Negócios Jurídicos do Município de São Paulo. Além de grande número de artigos em jornais e revistas, tenho trabalhos incluídos em várias obras coletivas e publiquei os livros *O Municipio Brasileiro*, *Da Atuallzação do Estado*, *Elementos de Teoria Geral do Estado*, *O Futuro do Estado*, *O Pequeno Exército Paulista*, *O Renascer do Direito*, *O que são os Direitos da Pessoa*, *Constituição e Constituinte*, *O Estado Federal*, *Viverem Sociedade*, *O Direito da Criança ao Respeito* .

ESPORTE
ESTATÍSTICA
ÉTICA
ÉTICA EM PESQUISA
ETNOCENTRISMO
EVOLUÇÃO DO DIREITO
EXISTENCIALISMO
FAMÍLIA
FEMINISMO
FILOSOFIA
FILOSOFIA CONTEMPORÂNEA
FILOSOFIA MEDIEVAL
FÍSICA
FMI
FOLCLORE
FOME
FOTOGRAFIA
GASTRONOMIA
GEOGRAFIA
GOLPE DE ESTADO
GRAFFITI
GRAFOLOGIA
HIEROGLIFOS
HIPERMÍDIA
HISTÓRIA
HISTÓRIA DA CIÊNCIA
HOMEOPATIA
IDEOLOGIA
IMAGINÁRIO
IMPERIALISMO
INDÚSTRIA CULTURAL
ISLAMISMO
JAZZ
JORNALISMO
JORNALISMO SINDICAL
JUDAÍSMO
LAZER
LEITURA
LESBIANISMO
LIBERDADE
LINGUÍSTICA
LITERATURA DE CORDEL
LITERATURA INFANTIL
LITERATURA POPULAR
LOUCURA
MAIS-VALIA
MARXISMO
MEDIAÇÃO DE CONFLITOS
MEIO AMBIENTE
MENOR
MÉTODO PAULO FREIRE
MITO
MORAL
MORTE
MÚSICA
MÚSICA SERTANEJA
NATUREZA
NAZISMO
NEGRITUDE
NEUROSE
NORDESTE BRASILEIRO
OLIMPISMO
PANTANAL